LOCUTORES DE CLAVES NAVAJOS

Stuart A. Kallen

ediciones Lerner ◆ Mineápolis

Nota del editor: El código desarrollado por los navajos fue un secreto muy bien guardado durante la Segunda Guerra Mundial. Los detalles del código ni siquiera se registraron en los documentos militares. Debido a este secreto, los registros militares oficiales sobre el código y su uso en batalla a veces difieren de los relatos en primera persona de los locutores de claves navajos. En esos casos, hemos optado por utilizar los hechos tal y como los explicaron los propios locutores de claves, considerando sus palabras como fuentes primarias.

Consultora de contenidos: Judith Schiess Avila, coautora de *Code Talker: The First and Only Memoir by One of the Original Navajo Code Talkers of WWII*

Título original: *Navajo Code Talkers*

La traducción al español fue realizada por Zab Translation.

ediciones Lerner
Una división de Lerner Publishing Group, Inc.
241 First Avenue North
Mineápolis, MN 55401, EE. UU.

Si desea averiguar acerca de niveles de lectura y para obtener más información, favor consultar este título en www.lernerbooks.com.

Fuente del texto del cuerpo principal: Aptifer Slab LT Pro Regular 11/18.
Fuente proporcionada por Linotype AG.

Library of Congress Cataloging-in-Publication Data

Names: Kallen, Stuart A., 1955– author.
Title: Locutores de claves navajos / Stuart A. Kallen.
Other titles: Navajo code talkers. Spanish
Description: Minneápolis : ediciones Lerner, 2023. | Series: Alternator books en español | Includes index. | Audience: Ages 8–12 | Audience: Grades 4–6 | Summary: "In 1944 and 1945, US forces relied on one group for communication. These Marines created and transmitted a code based on the Navajo language, a code the enemy was unable to crack. Now in Spanish!"— Provided by publisher.
Identifiers: LCCN 2022018069 (print) | LCCN 2022018070 (ebook) | ISBN 9781728477299 (library binding) | ISBN 9781728478081 (paperback) | ISBN 9781728479934 (ebook)
Subjects: LCSH: World War, 1939–1945—Cryptography—Juvenile literature. | Navajo code talkers—Juvenile literature. | Navajo Indians—History—20th century—Juvenile literature. | Navajo language—History—20th century—Juvenile literature. | World War, 1939–1945—Participation, Indian—Juvenile literature. | United States. Marine Corps—Indian troops—History—20th century—Juvenile literature.
Classification: LCC D810.C88 K3518 2023 (print) | LCC D810.C88 (ebook) | DDC 940.54/8673—dc23/eng/20220429

LC record available at https://lccn.loc.gov/2022018069
LC ebook record available at https://lccn.loc.gov/2022018070

Fabricado en los Estados Unidos de América
1-52365-50722-5/5/2022

CONTENIDO

INTRODUCCIÓN
DISPAROS CONSTANTES

En febrero de 1945, se libra una batalla en la isla de Iwo Jima, en el Pacífico Sur. Las balas de un nido de ametralladoras japonesas hacían vibrar el aire mientras las bombas explotaban. Los locutores de claves navajos formaban parte de un batallón del Cuerpo de Marines estadounidense

que luchaba contra los japoneses. Mientras las balas pasaban por delante de sus cabezas, los locutores de claves enviaban mensajes entre las tropas que se encontraban en distintas partes de la isla, como “Necesito un bulldozer en Green Beach inmediatamente” y “Recibimos fuego constante de ametralladoras y fusiles”.

Los comandantes de los marines recibieron los mensajes y enviaron un bulldozer a Green Beach. El bulldozer derribó las barreras construidas por el enemigo. Un grupo de marines atacó el nido de ametralladoras. El fuego enemigo cesó, y decenas de soldados estadounidenses se salvaron.

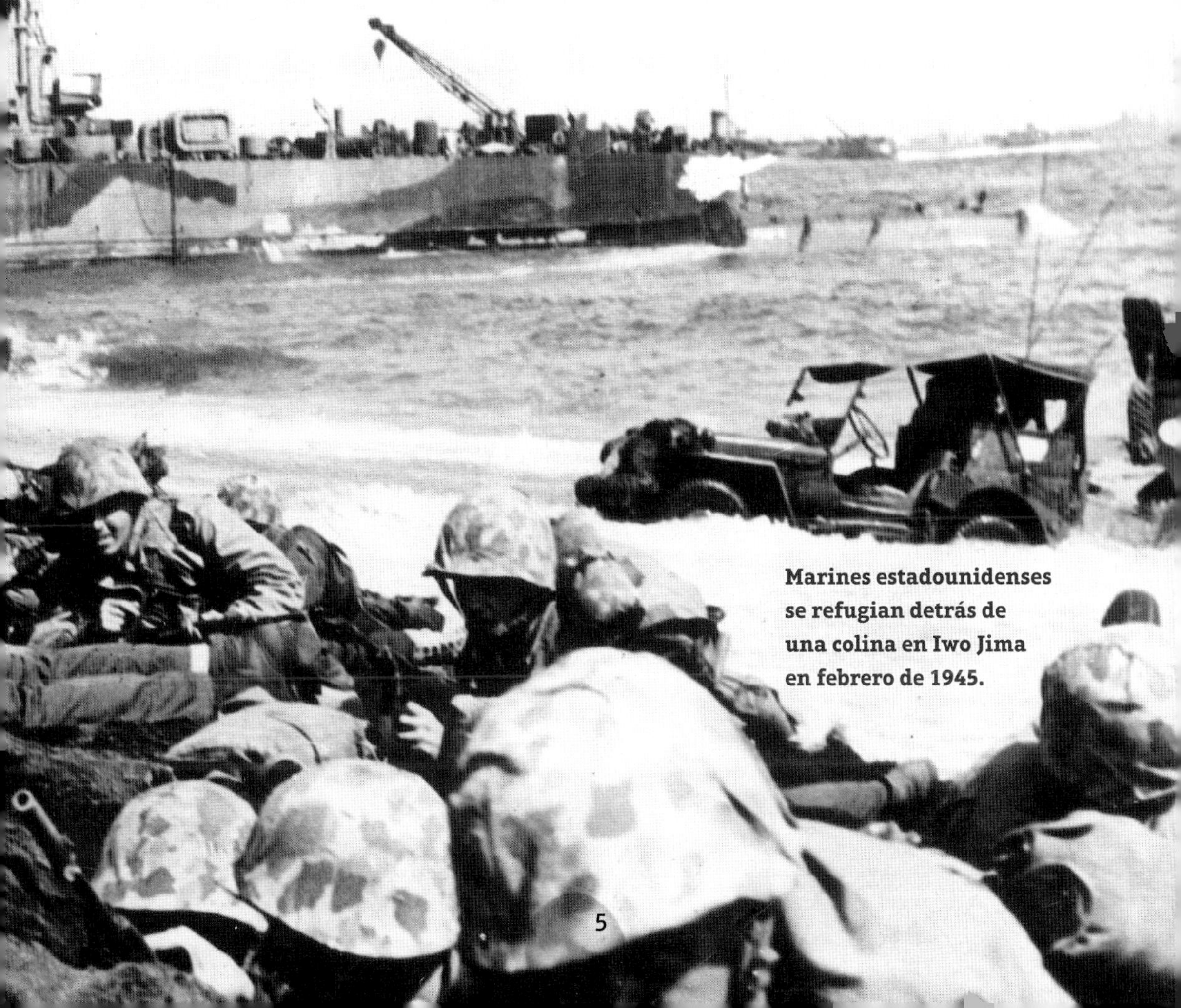

Marines estadounidenses se refugian detrás de una colina en Iwo Jima en febrero de 1945.

El Cuerpo de Marines de EE. UU. había invadido Iwo Jima el 19 de febrero de 1945. Seis miembros de la Nación Navajo formaban parte de la fuerza de combate. Los navajos estaban allí para transmitir mensajes de radio en un código secreto basado en su idioma nativo. Durante las siguientes cinco semanas, los locutores de claves navajos trabajaron día y noche en brutales condiciones de combate. Enviaron más de ochocientos mensajes sobre los movimientos de las tropas japonesas y el fuego enemigo.

La lucha en Iwo Jima fue una de las batallas más importantes de la Segunda Guerra Mundial (1939-1945). Estados Unidos había entrado en la guerra después de que cientos de aviones de combate japoneses atacaran la

Los marines desembarcan en Iwo Jima el 19 de febrero de 1945. En la batalla participaron unos setenta mil marines estadounidenses y dieciocho mil soldados japoneses.

Los locutores de claves Henry Bake Jr. (*izquierda*) y George H. Kirk en la selva durante la batalla de Bougainville en 1943

base naval estadounidense de Pearl Harbor, en Hawái, el 7 de diciembre de 1941. Allí murieron más de dos mil soldados y marineros estadounidenses. Algunas de las batallas más sangrientas entre Estados Unidos y Japón tuvieron lugar en islas del Pacífico como Iwo Jima, Peleliu y Okinawa. Las fuerzas japonesas se habían apoderado de dichas islas para poder lanzar ataques contra los barcos y aviones estadounidenses. Si Estados Unidos podía construir bases militares allí, iba a ser más fácil luchar contra el Japón cercano. Los locutores de claves navajos y su código secreto desempeñaron un papel crucial en todas las batallas del Pacífico.

CAPÍTULO 1

UNA TRADICIÓN HABLADA

El pueblo navajo es una nación de indios americanos. La mayor parte de su reserva se encuentra en el noreste de Arizona y Nuevo México. El gobierno estadounidense obligó a los navajos a trasladarse a esta parte del país en 1864. Los navajos soportaron el racismo, la pobreza y los esfuerzos por borrar su cultura tradicional. Los navajos no fueron considerados ciudadanos estadounidenses hasta 1924 y no pudieron votar en Arizona hasta 1948.

Gran parte de la cultura navajo se basa en la narración oral. Antes de la Segunda Guerra Mundial, la lengua navajo

El Parque Tribal Navajo de Monument Valley, en Arizona y Utah, forma parte de la Nación Navajo, la reserva establecida oficialmente en 1868.

La tradición oral de los navajos se aplica a toda la información importante. Ni siquiera se escriben las listas de cosas que hay que recordar.

nunca se había escrito. El pueblo memorizaba y se contaba (y sigue haciéndolo) todo lo que necesitaba recordar o mantener a salvo. Incluso los detalles de la cría y venta de ovejas, un importante oficio para los navajos, deben memorizarse y hablarse.

Todos los niños navajos escuchan historias sobre la creación del mundo. Los padres y abuelos hablan de los espíritus de los animales que parecen águilas y coyotes. Los niños de tres años aprenden a repetir las historias palabra por palabra. A medida que los niños crecen, las historias que aprenden son más largas y complejas.

EL IDIOMA IDEAL PARA UN CÓDIGO

Contar y volver a contar historias preparó a los locutores de claves navajos para su papel en la Segunda Guerra Mundial. Dado que los navajos fueron entrenados para memorizar historias tradicionales, serían capaces de crear y recordar un código que eventualmente incluiría más de setecientas palabras.

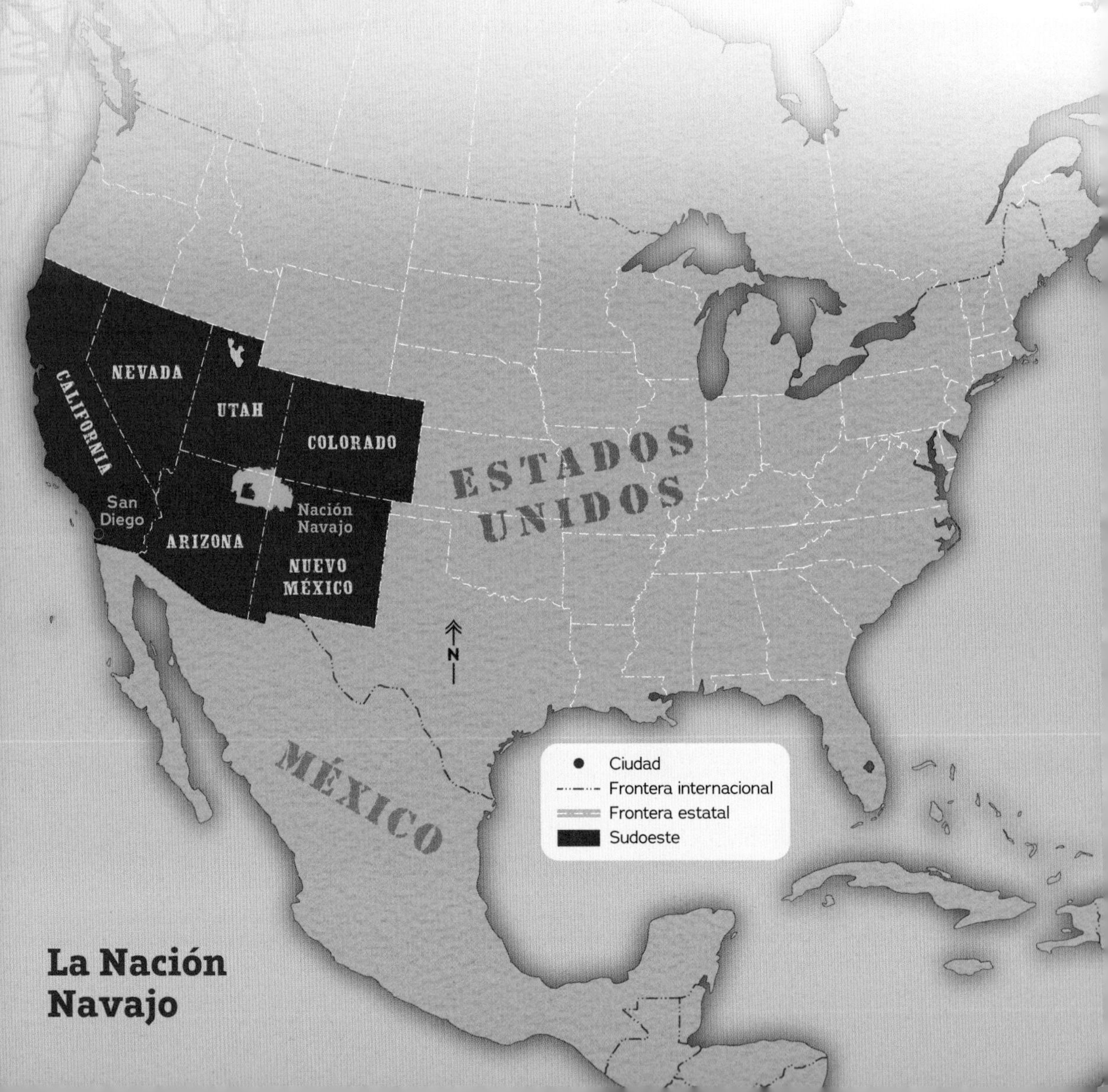

La Nación Navajo

El idioma navajo era un punto de partida perfecto para crear un código secreto. El idioma nunca se había escrito. Solo treinta personas que no fueran navajos podían hablarlo. Esto significaba que el enemigo en Japón nunca entendería a los hablantes de navajo. Como explicó el locutor de claves navajo Chester Nez: "El idioma no estaba escrito, no se podía aprender de un libro. . . . [Decir] incluso una palabra en navajo es casi imposible para alguien que no esté acostumbrado a escuchar los sonidos que componen la lengua".

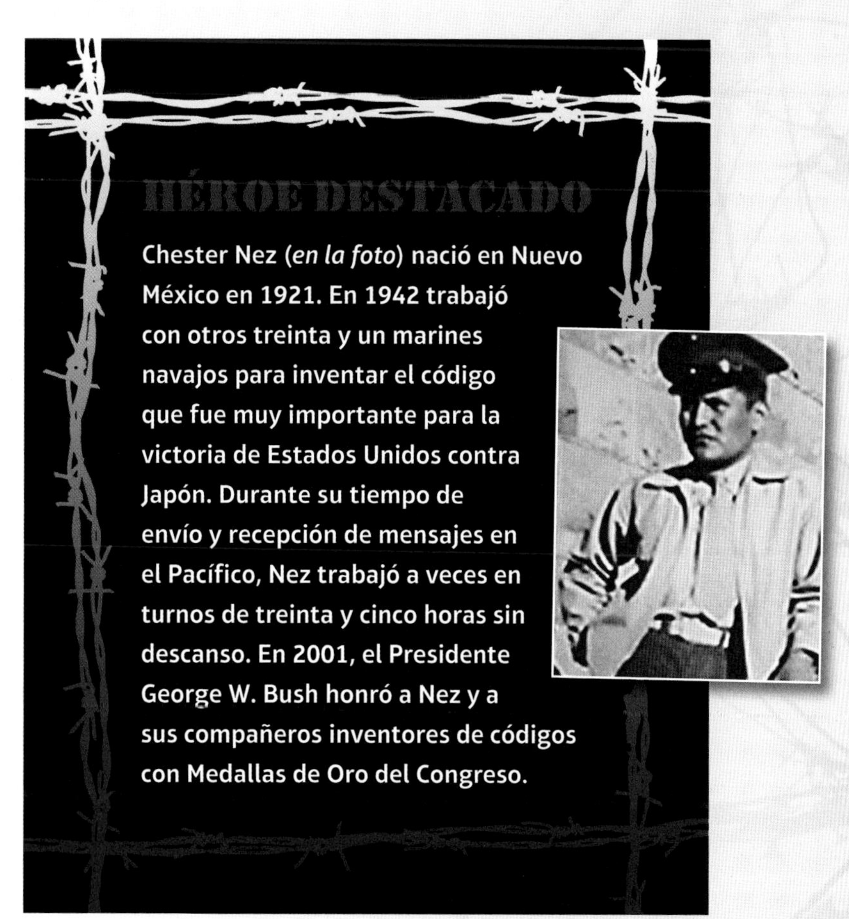

HÉROE DESTACADO

Chester Nez (*en la foto*) nació en Nuevo México en 1921. En 1942 trabajó con otros treinta y un marines navajos para inventar el código que fue muy importante para la victoria de Estados Unidos contra Japón. Durante su tiempo de envío y recepción de mensajes en el Pacífico, Nez trabajó a veces en turnos de treinta y cinco horas sin descanso. En 2001, el Presidente George W. Bush honró a Nez y a sus compañeros inventores de códigos con Medallas de Oro del Congreso.

Los locutores de claves choctaw de la Primera Guerra Mundial (*arriba*) inspiraron a Philip Johnston a sugerir que los navajos podrían hacer algo similar.

INCORPORACIÓN A LOS MARINES

Philip Johnston había crecido en la reserva de los navajos en Arizona. No era navajo. Los padres de Johnston eran misioneros religiosos que trabajaban entre los navajos. Johnston era un veterano de la Primera Guerra Mundial (1914-1918). Durante esa guerra, se enteró del éxito de los locutor de claves choctaw. Los soldados choctaw habían utilizado con éxito la lengua choctaw para enviar mensajes codificados durante la batalla.

En 1942, Johnston sugirió que los navajos podrían prestar el mismo servicio al Cuerpo de Marines. Organizó una demostración para varios oficiales del Cuerpo de Marines. Los navajos mostraron cómo podían enviar mensajes codificados en su idioma nativo. Los oficiales quedaron impresionados con los resultados. El Cuerpo de Marines reclutó a veintinueve hombres navajos para un proyecto ultrasecreto y potencialmente peligroso. Los jóvenes aún no lo sabían, pero pronto crearían y utilizarían un código secreto imposible de entender para el enemigo.

Un grupo de los veintinueve reclutas navajos originales

CAPÍTULO 2

CREACIÓN DE CÓDIGOS

En abril de 1942, los reclutas navajos fueron enviados a San Diego, California, donde se entrenaron como marines. Tras completar la formación básica, se les comunicó su misión secreta: inventar un código. Los navajos pasaron meses trabajando para crear y aprender un complejo código en su lengua materna. A cada letra del alfabeto inglés se le asignó

Los marines navajos se toman un descanso del entrenamiento básico en Camp Elliott, en San Diego, en 1942.

Antes de conocer su proyecto ultrasecreto, los reclutas navajos se entrenaron en armas, resistencia física, marcha en formación y mucho más.

una palabra clave que empezaba por esa letra, como nombres de animales, plantas y objetos comunes. A continuación, las palabras en clave inglesa se tradujeron al navajo. La letra A se convirtió en "ant" (hormiga) o wol-la-chee en navajo. La B se convirtió en "bear" (oso) o shush en el idioma navajo. Este sistema permitía a los navajos deletrear palabras en inglés en un código que el enemigo nunca entendería.

Los navajos también inventaron palabras en clave para objetos militares comunes. La palabra navajo para colibrí se utilizaba para describir un avión de combate. Un acorazado era una ballena, una granada de mano era una patata y una bomba era un huevo. Los soldados navajos memorizaron cientos de estos términos. Tendrían que

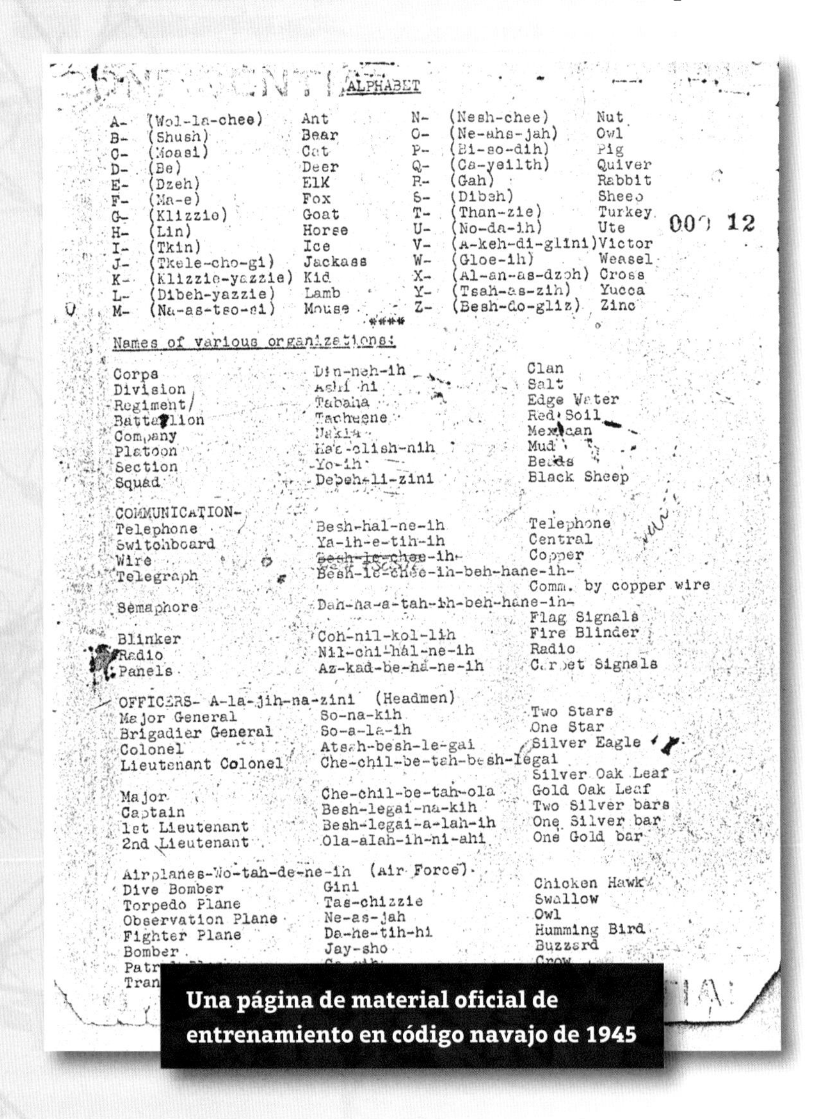

ALPHABET

000 12

A-	(Wol-la-chee)	Ant	N-	(Nesh-chee)	Nut
B-	(Shush)	Bear	O-	(Ne-ahs-jah)	Owl
C-	(Moasi)	Cat	P-	(Bi-so-dih)	Pig
D-	(Be)	Deer	Q-	(Ca-yeilth)	Quiver
E-	(Dzeh)	Elk	R-	(Gah)	Rabbit
F-	(Ma-e)	Fox	S-	(Dibeh)	Sheep
G-	(Klizzie)	Goat	T-	(Than-zie)	Turkey
H-	(Lin)	Horse	U-	(No-da-ih)	Ute
I-	(Tkin)	Ice	V-	(A-keh-di-glini)	Victor
J-	(Tkele-cho-gi)	Jackass	W-	(Gloe-ih)	Weasel
K-	(Klizzie-yazzie)	Kid	X-	(Al-an-as-dzoh)	Cross
L-	(Dibeh-yazzie)	Lamb	Y-	(Tsah-as-zih)	Yucca
M-	(Na-as-tso-si)	Mouse	Z-	(Besh-do-gliz)	Zinc

Names of various organizations:

Corps	Din-neh-ih	Clan
Division	Ashi hi	Salt
Regiment	Tabaha	Edge Water
Battalion	Tacheene	Red Soil
Company	Nakia	Mexican
Platoon	Has-clish-nih	Mud
Section	Yo-ih	Beads
Squad	Debeh-li-zini	Black Sheep

COMMUNICATION-

Telephone	Besh-hal-ne-ih	Telephone
Switchboard	Ya-ih-e-tih-ih	Central
Wire	~~Besh-le-chee~~-ih	Copper
Telegraph	Besh-le-chee-ih-beh-hane-ih-	Comm. by copper wire
Semaphore	Dah-ha-a-tah-ih-beh-hane-ih-	Flag Signals
Blinker	Coh-nil-kol-lih	Fire Blinder
Radio	Nil-chi-hal-ne-ih	Radio
Panels	Az-kad-be-ha-ne-ih	Carpet Signals

OFFICERS- A-la-jih-na-zini (Headmen)

Major General	So-na-kih	Two Stars
Brigadier General	So-a-la-ih	One Star
Colonel	Atsah-besh-le-gai	Silver Eagle
Lieutenant Colonel	Che-chil-be-tah-besh-legai	Silver Oak Leaf
Major	Che-chil-be-tah-ola	Gold Oak Leaf
Captain	Besh-legai-na-kih	Two Silver bars
1st Lieutenant	Besh-legai-a-lah-ih	One Silver bar
2nd Lieutenant	Ola-alah-ih-ni-ahi	One Gold bar

Airplanes-Wo-tah-de-ne-ih (Air Force)

Dive Bomber	Gini	Chicken Hawk
Torpedo Plane	Tas-chizzie	Swallow
Observation Plane	Ne-as-jah	Owl
Fighter Plane	Da-he-tih-hi	Humming Bird
Bomber	Jay-sho	Buzzard
Patr[illegible]	[illegible]	Crow
Tran[illegible]		

Una página de material oficial de entrenamiento en código navajo de 1945 utilizar su código en el campo de batalla sin errores. Miles de marines dependían de ellos.

El código navajo debía sustituir a una máquina de creación de códigos llamada M-209. Los militares utilizaban la M-209 para crear el código, enviarlo y descodificar los mensajes una vez recibidos. El Cuerpo de Marines probó varios altavoces navajos para ver si podían igualar la velocidad del M-209. El M-209 tardaba treinta minutos en crear y enviar un código. Los soldados navajos lo hicieron en solo veinte segundos.

CTIM DESTACADO

A principios de la década de 1940, los soldados estadounidenses utilizaban la máquina de códigos M-209 para crear y enviar códigos. La máquina tenía el tamaño de una pequeña lonchera. Tenía seis ruedas de metal con las letras del alfabeto. Se utilizaban para crear mensajes codificados. Un soldado giraba la manivela para imprimir el código en papel.

CAPÍTULO 3

A LA BATALLA

En agosto de 1942, miles de marines invadieron la isla de Guadalcanal para luchar contra los japoneses. Japón había tomado el control de Guadalcanal, junto con otras islas del Pacífico Sur, en los meses posteriores al bombardeo de Pearl Harbor.

Tres locutores de claves solucionan un problema durante el entrenamiento del Cuerpo de Marines. De izquierda a derecha: Peter Nahaidinae, Joe Gatewood y Lloyd Oliver.

Los marines consiguieron afianzarse en Guadalcanal y construir una base militar. Los soldados estadounidenses utilizaron la base para lanzar ataques contra las fuerzas japonesas que controlaban la pequeña isla. Miles de soldados de ambos bandos murieron en la batalla.

"DESTRUIR"

En noviembre de 1942, los locutores de claves navajos llegaron a Guadalcanal para su primera misión. Los soldados navajos trabajaron sin descanso en equipos de dos. Establecieron puestos de comunicación con radios bidireccionales conocidas como SCR-300. Los locutores de claves recibían mensajes escritos en inglés de los comandantes del Cuerpo de Marines. Los navajos traducían de manera mental los mensajes al código. Luego, repetían los mensajes en la radio a un locutor de claves que se encontraba en el otro extremo.

CTIM DESTACADO

Los locutores de claves navajos enviaban y recibían mensajes mediante una radio bidireccional que funcionaba con pilas, la SCR-300. Los usuarios hablaban a un receptor telefónico de estilo antiguo. Los soldados llevaban la radio de 35 libras (16 kg) en una gran mochila (*en la foto*). Como los usuarios podían caminar y hablar mientras usaban la SCR-300, los soldados la apodaron walkie-talkie.

Nez recuerda el primer mensaje codificado que envió desde el campo de batalla: "Nido de ametralladoras enemigo en su flanco derecho. Destruir". (En navajo: "*Beh-na-ali-tsosie a-knah-as-donih ah-toh nish-na-jih-goh dah-di-kad ah-deel-tahi*"). Otro equipo recibió su mensaje. La artillería estadounidense destruyó el nido de ametralladoras japonés en pocos minutos.

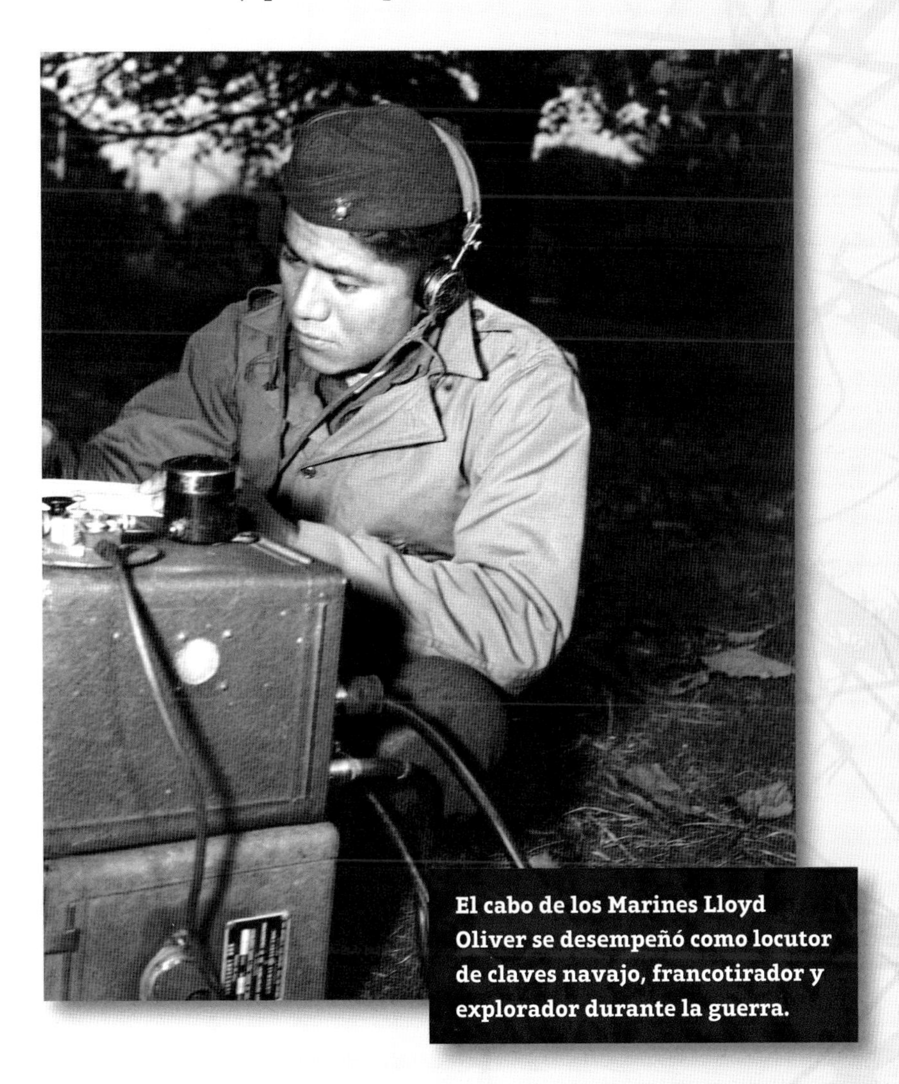

El cabo de los Marines Lloyd Oliver se desempeñó como locutor de claves navajo, francotirador y explorador durante la guerra.

VIENDO LA ACCIÓN

Con la ayuda de los locutores de claves, los marines derrotaron a los japoneses en Guadalcanal en febrero de 1943. Tras este éxito, el Cuerpo de Marines reclutó a más navajos y los entrenó para hablar el código. Al final de la guerra, en 1945, más de cuatrocientos locutores de claves de código habían servido en algunas de las batallas más feroces de la Segunda Guerra Mundial. Nadie fue capaz de descifrar el código creado por los locutores de claves navajos, una hazaña poco común para un código utilizado en batalla.

Los primos y codificadores Preston Toledo (*izquierda*) y Frank Toledo envían mensajes por radio en el Pacífico Sur en julio de 1943.

Los marines estadounidenses izaron una bandera estadounidense en Iwo Jima en febrero de 1945 tras tomar una fortaleza japonesa clave.

Durante los dos primeros días de la invasión de Iwo Jima, en febrero de 1945, los locutores de claves trabajaron durante veinticuatro horas seguidas. Enviaron y descifraron más de ochocientos mensajes sin errores. En todas las batallas, los actos heroicos de los locutores de claves dieron ventaja a las fuerzas estadounidenses.

En marzo de 1945, el Cuerpo de Marines logró la victoria en Iwo Jima. Como dijo el comandante Howard Connor después del combate: "Si no fuera por los navajos, los marines nunca habrían tomado Iwo Jima".

CAPÍTULO 4

HOMENAJE A LOS LOCUTORES DE CLAVES

La Segunda Guerra Mundial terminó cuando Japón se rindió el 14 de agosto de 1945. El costo de la victoria fue alto. Más de 111,000 soldados estadounidenses murieron en combate. Entre los muertos había trece locutores de claves navajos.

Muchos de ellos recibieron medallas por sus actos de heroísmo. Sin embargo, después de la guerra, los soldados navajos no podían contarle a nadie sobre el código que

El pelotón 382.º estaba formado por los marines navajos que crearon el código secreto utilizado en la guerra.

Los locutores de claves navajos saludan en el desfile del Día de los Veteranos en Phoenix, Arizona, en 2013.

habían creado para salvar vidas. Los militares querían mantener el código en secreto, por si se volvía a necesitar. A Nez le dijeron sus comandantes: "Cuando llegues a casa . . . no le digas a tu gente, a tus padres, a tu familia cuál era tu trabajo . . . No hables de ello".

Los locutores de claves mantuvieron en secreto su papel en la guerra durante más de veinte años. Luego, en 1968, el gobierno desclasificó el programa de locutores de claves. Eso significó que ya no era secreto y que los navajos podían contar sus historias. En 1971, sesenta y nueve veteranos de la Segunda Guerra Mundial formaron la Asociación de Locutores de Claves Navajos. El grupo participó en desfiles, visitó escuelas y habló de su papel en la guerra en programas de radio y televisión.

El codificador navajo John Brown Jr. (*derecha*) y el presidente George W. Bush en la ceremonia de entrega de la Medalla de Oro del Congreso en 2001

DERROTARON AL ENEMIGO

En 1982, el presidente Ronald Reagan declaró el 14 de agosto Día Nacional de los Locutores de Claves Navajos. Reagan hizo un llamamiento a la nación para que se uniera a un homenaje a los héroes de guerra navajos. En 2001 se concedieron medallas a los locutores de claves por su servicio especial. Los veintinueve originales recibieron Medallas de Oro del Congreso. Un mensaje en el reverso decía: "Con el idioma navajo derrotaron al enemigo".

Los locutores de claves navajos se convirtieron en modelos de conducta para los jóvenes indios americanos y para la gente de todo el mundo. Como explicó el locutor de claves Samuel Tso: "Luchaba por todo el pueblo aborigen. Todo el pueblo de los Estados Unidos, todo lo que teníamos".

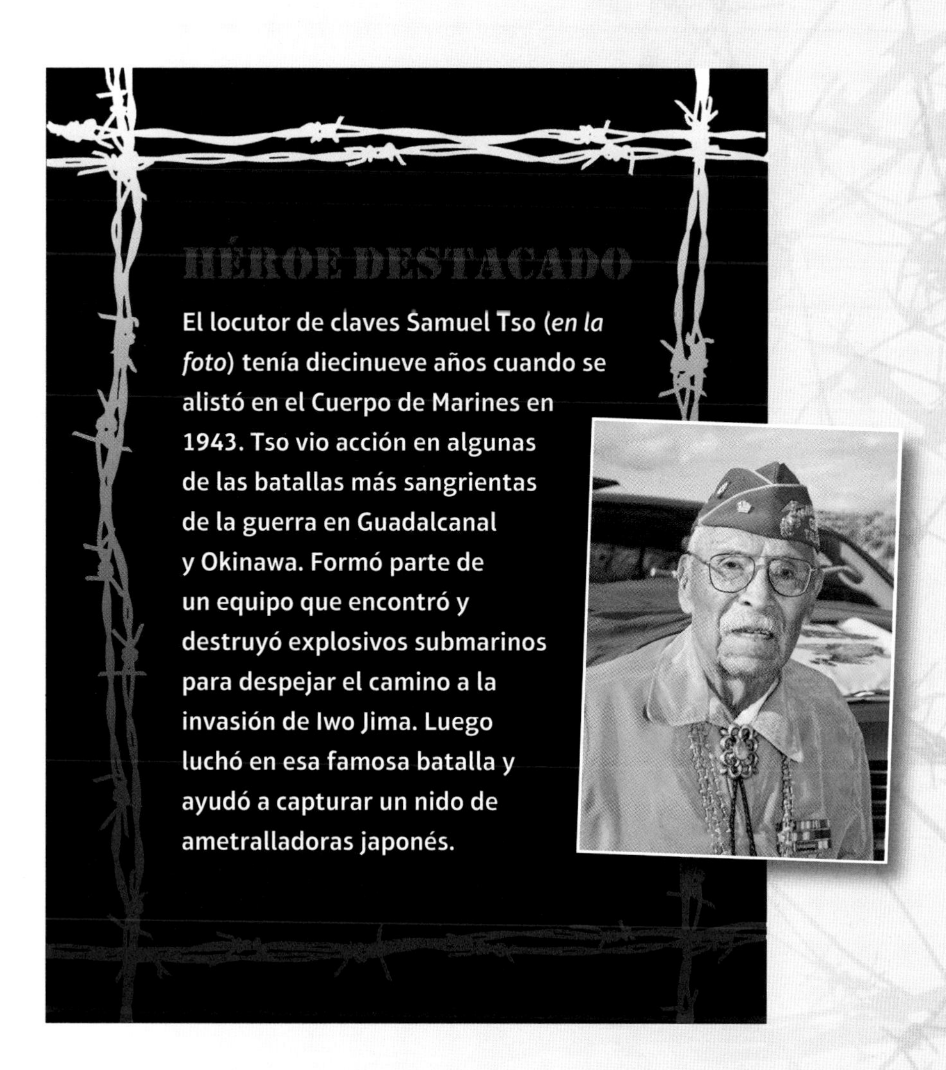

HÉROE DESTACADO

El locutor de claves Samuel Tso (*en la foto*) tenía diecinueve años cuando se alistó en el Cuerpo de Marines en 1943. Tso vio acción en algunas de las batallas más sangrientas de la guerra en Guadalcanal y Okinawa. Formó parte de un equipo que encontró y destruyó explosivos submarinos para despejar el camino a la invasión de Iwo Jima. Luego luchó en esa famosa batalla y ayudó a capturar un nido de ametralladoras japonés.

Línea de tiempo

1941 diciembre 7	Las fuerzas militares japonesas bombardean Pearl Harbor, una base naval estadounidense en Hawái.
1942 febrero	El Cuerpo de Marines prueba la idea de Philip Johnston de utilizar el idioma navajo para crear un código militar.
1942 abril y mayo	Los marines estadounidenses reclutan a veintinueve navajos para inventar un código en su lengua materna.
1942 septiembre	Los primeros locutores de claves navajos entran en combate en Guadalcanal.
1942–1945	Los locutores de claves navajos luchan en todos los asaltos del Cuerpo de Marines en la región del Pacífico.
1945 agosto 14	Japón se rinde y pone fin a la Segunda Guerra Mundial. Los locutores de claves navajos juran guardar el secreto y se les dice que nunca mencionen su papel en la guerra.

1968 El gobierno de EE. UU. desclasifica la información sobre los locutores de claves navajos.

1971 Los veteranos navajos forman la Asociación de Locutores de Claves para educar al público sobre el papel de los locutores de claves en la guerra.

1982 El presidente Reagan nombra el 14 de agosto Día Nacional de los Locutores de Claves Navajos.

2001 El Presidente George W. Bush entrega las Medallas de Oro del Congreso a los veintinueve locutores de claves originales.

2014 Chester Nez, el último de los navajos originales que desarrolló el código, muere a la edad de noventa y tres años.

Notas de la fuente

5 Sally McClain, *Navajo Weapon* (Boulder, CO: Books Beyond Borders, 1994), 168.

11 Chester Nez y Judith Schiess Avila, *Code Talker* (Nueva York: Berkley Caliber, 2011), 91.

21 Ibid. 133.

23 Alex Molnar Jr., "Navajo Code Talkers: World War II History & Facts," California Indian Education, 1997 agosto, http://www.californiaindianeducation.org/native_american_veterans/navajo_code_talkers.html.

25 "Recognition," National Museum of the American Indian, consultado el 2017 febrero 15, http://www.nmai.si.edu/education/codetalkers/html/chapter7.html.

26 Ibid.

27 Ibid.

Glosario

artillería: armas de fuego grandes utilizadas en la guerra

batallón: una unidad grande de soldados

código: sistema de palabras, letras o símbolos utilizados para enviar mensajes secretos

comandantes: personas a cargo de los soldados o de las operaciones militares

cultura: las artes, costumbres y tradiciones de un grupo de personas

desclasificar: hacer pública información que era secreta

misioneros: personas que trabajan para difundir sus creencias religiosas

reserva: terreno que el gobierno destina a un fin específico

traducido: palabras que se cambian de un idioma a otro

transmitir: pasar algo de un lugar a otro

veterano: persona que ha servido en el ejército

Más información

Lowery, Linda. *Native Peoples of the Southwest*. Mineápolis: Lerner Publications, 2017.

Native Words, Native Warriors
http://www.nmai.si.edu/education/codetalkers/html/index.html

Navajo Code: Interviews
http://navajocodetalkers.org/category/interviews/

"Navajo Code Talkers and the Unbreakable Code"
https://www.cia.gov/stories/story/navajo-code-talkers-and-the-unbreakable-code/

"Navajo Code Talkers History"
http://navajopeople.org/navajo-code-talker.htm

Owens, Lisa L. *Attack on Pearl Harbor*. Mineápolis: Lerner Publications, 2018.

Rickard, Kris A., y Raymond Bial. *The People and Culture of the Navajo*. Nueva York: Cavendish Square, 2016.

Índice

Créditos por las fotografías

Las imágenes de este libro se utilizan con el permiso de: © iStockphoto.com/akinshin (fondos de alambre de espino en toda la obra); © iStockphoto.com/ElementalImaging (fondo de camuflaje en toda la obra); Mondadori Portfolio/Newscom, p. 4–5; akg-images/Newscom, p. 6; National Archives, pp. 7, 29; Library of Congress, Carol M. Highsmith Archive (LC-DIG-highsm-16379), p. 8; Library of Congress, Pennington & Rowland, C. C. (ca. 1914) Relating an Experience (LC-USZ62-99571), p. 9; © Laura Westlund/Independent Picture Service, pp. 10, 19; ZUMA Press Inc/Alamy Stock Photo, pp. 11, 13; © iStockphoto.com/aaron007, pp. 11, 27 (marco de alambre de espino); RODGER MALLISON/MCT/Newscom, p. 12; Official USMC Photograph, provided by the Command Museum, MCRD, San Diego, pp. 14, 18, 20, 22, 24, 28, 29; Northern Arizona University, Cline Library (Johnston, Philip), p. 15; Northern Arizona University, Cline Library (Navajo Code Talkers), p. 16; © Rama/Wikimedia Commons (CC BY-SA 2.0 FR), p. 17; Everett Collection Inc/Alamy Stock Photo, p. 21; Pictorial Press Ltd/Alamy Stock Photo, p. 23; Hemis/Alamy Stock Photo, p. 25; REUTERS/Alamy Stock Photo, p. 26; Charles Mann/Alamy Stock Photo, p. 27.

Portada: © Corbis/Getty Images (principal); © iStockphoto.com/akinshin (fondo de alambre de espino); © iStockphoto.com/ElementalImaging (fondo de camuflaje); © iStockphoto.com/MillefloreImages (fondo de bandera).